# 나는 삼국통일의 증인입니다

처음부터 제대로 배우는 한국사 그림책 26

## 나는 삼국 통일의 증인입니다 _태종 무열왕릉비가 들려주는 삼국 통일 이야기

**초판 1쇄 인쇄** 2025년 6월 17일
**초판 1쇄 발행** 2025년 6월 27일

**글** 김해등
**그림** 김호랑

**펴낸곳** 도서출판 개암나무(주)
**펴낸이** 김보경
**경영관리 총괄** 김수현　**경영관리** 배정은 조영재
**편집** 조원선 김소희 오은정 이혜인　**디자인** 이은주　**마케팅** 이기성
**출판등록** 2006년 6월 16일　제22-2944호

**주소** 서울특별시 용산구 한남대로40길 19, 4층(한남동, JD빌딩) (우-)04417
**전화** (02)6254-0601, 6207-0603　**팩스** (02)6254-0602　**E-mail** gaeam@gaeamnamu.co.kr
개암나무 블로그 http://blog.naver.com/gaeamnamu　개암나무 카페 http://cafe.naver.com/gaeam

© 김해등, 김호랑, 2025
이 책의 저작권은 저자에게 있습니다. 저자와 출판사의 허락 없이 내용의 일부를 인용하거나 발췌하는 것을 금합니다.

ISBN 978-89-6830-868-0　74900
ISBN 978-89-6830-122-3 (세트)

---

**품명** 아동 도서 | **제조년월** 2025년 6월 27일 | **사용연령** 10세 이상
**제조자명** 개암나무(주) | **제조국명** 대한민국 | **전화번호** 02-6254-0601
**주소** 서울특별시 용산구 한남대로40길 19, 4층(한남동, JD빌딩)

태종 무열왕릉비가 들려주는
삼국 통일 이야기

# 나는 삼국 통일의 증인입니다

김해등 글  김호랑 그림

개암나무

진덕왕이 세상을 떠나자 영휘 5년 갑인년에 춘추공이 즉위하였다. 나라를 다스린 지 8년째인 용삭 원년 신유년에 세상을 떠나니 그 나이가 59세였고 애공사 동쪽에 장사를 지내고 비를 세웠다. 왕은 유신과 함께 신비스러운 계책과 큰 힘으로 삼한을 통일하여 사직에 큰 공을 이룩하였다. 그렇기에 묘호를 태종(太宗)이라 하였다.

— 《삼국유사》〈기이〉편 태종 춘추공조 중에서

경주는 기와집 사이사이 골목길마다
아이들 웃음소리가 휘돌아다니는 정겨운 곳이야.

내가 있는 서악동도 아침이면 사람들로 북적북적해.
여기에는 태종 무열왕릉이 있어.
그 앞에는 바로 나, 무열왕릉비가 서 있지!
태종 무열왕은 신라 최초의 진골 출신 왕, 김춘추야.
삼국 통일의 기틀을 마련한 인물이지.
661년, 태종 무열왕이 세상을 떠나자
아들 문무왕이 아버지의 업적을 기리며 나를 세웠단다.
그때부터 난 이 자리를 지켜 왔어. 왜냐고?
난 삼국 통일의 증인이니까!

어! 다른 아이들은 왕릉 쪽으로 몰려가는데,
눈이 유난히 큰 한 아이만 내 앞을 서성이네.
아이는 고개를 갸웃하며 말했어.
"어? 몸통이 없다!"
날 제대로 알아본 아이는 처음이었어.
아이 말대로 내 몸통인 비석은 오래전에 사라졌지.
지금은 거북 받침돌에 머릿돌만 덩그러니 있는
우스꽝스럽고 허전한 모습이야.

"많이 힘들었겠다. 그렇지?"
아, 내 속상한 마음을 알아채다니!
더군다나 친구처럼 말을 걸어 주니 얼마나 기쁜지 몰라.
드디어 때가 온 것 같아. 1,400여 년 가까이 품어 온 비밀을
털어놓을 때가 말이야!

지금으로부터 1,400여 년 전,
한반도는 고구려, 백제, 신라 세 나라로 나뉘어 있었어.
북쪽엔 고구려, 서쪽엔 백제, 동쪽엔 우리 신라가 자리했지.
세 나라는 600년 넘게 전쟁을 이어 가며 하루도 편할 날이 없었단다.
어쩌면 살아남기 위해, 어쩌면 흩어진 세 나라를
하나로 모으기 위해 빼앗고 빼앗기는 싸움을 했지.
642년, 고구려는 연개소문 장군이 권력을 잡았고
백제는 의자왕이 막 왕위에 올랐어.
신라는 88년 전, 관산성 전투에서 승리한 이후
한강 유역을 차지했어.
이 전투에서 의자왕의 아버지 성왕이 목숨을 잃었지.
고구려와 백제는 한강을 차지한 신라를 대수롭지 않게 여겼단다.
언제든 신라를 무너뜨릴 수 있다고 큰소리쳤어.
두 나라는 왜 그렇게 자신만만했을까?
바로 신라의 왕이 여성이었기 때문이야.

신라 제26대 진평왕 때의 일이야.
"어허…… 큰일이로다!"
진평왕의 근심은 날로 깊어졌어. 자신의 핏줄인 성골만이
왕위를 이을 수 있는데, 왕자가 태어나지 않는 거야.
진평왕은 고민 끝에 덕만 공주를 왕으로 삼기로 결심했어.
'딸이라고 왕이 되지 못할 이유는 없지!'
비록 공주가 왕이 된 전례는 없지만, 왕의 자손에게
왕위를 물려줘 왕권을 강화하려는 뜻도 있었어.
진평왕은 신하들을 모두 불러 모았어.
"내가 죽으면 성골인 덕만 공주가 왕위를 잇게 하라!"
신하들은 반발했지만 결국 따를 수밖에 없었어.
신라는 철저한 골품제 나라였거든.

왕이 될 수 있는 왕족은 성골, 될 수 없는 왕족은 진골이야.
그 아래로는 1~6두품으로 나뉘어.
6두품, 5두품, 4두품은 귀족, 3두품부터는 평민이야.
귀족들은 신라의 수도인 금성이나 소경에 살고
평민들은 주로 지방에 살았어.
신분에 따라 여러 차별도 있었지.

"아무개의 수레가 정해진 크기를 넘었다고 합니다."
"당장 잡아들여라!"
끌 수 있는 수레 크기도 두품별로 정해져 있었어.
관직도 마찬가지야. 6두품 이하는 아무리 능력이 뛰어나도
최고 관직에 오를 수 없었지.
옷 색깔, 집 크기, 결혼 상대도 정해져 있었어.
심지어 사용할 수 있는 그릇 종류까지 제한됐지!
백제와 고구려도 혈통을 따졌지만,
신라만큼 엄격하진 않았어.

**소경** 신라의 지방 중 특정 다섯 지역을 합쳐서 이르는 말.

진평왕이 세상을 떠나자, 덕만 공주가 늦은 나이에
왕위에 올랐어. 제27대 선덕 여왕이야.
"뭐라고? 여자가 왕이 되었다고? 하하하!"
백제와 고구려는 신라를 업신여겼어.
당나라 또한 신라의 여왕을 인정하지 않았지.

선덕 여왕은 이에 굴하지 않았어. 자신을 도와줄 인재가
있었거든. 바로 김춘추와 김유신이야.
김춘추는 선덕 여왕의 조카고, 김유신은 가야의 핏줄을 가진
장군이야. 둘 다 왕이 될 수 없는 진골이었지.
세 사람의 인연은 아주 특별해.

김유신과 김춘추는 화랑도에서 만났어. 화랑도는 적게는 수십 명, 많게는 수백 명의 낭도가 한 명의 화랑을 따르는 신라의 교육 기관이야. 화랑도는 훌륭한 스승을 찾아가 공부하고, 노래와 춤, 무예도 익혔어. 전쟁이 일어나면 나라를 위해 목숨 바쳐 싸웠지.

화랑도에는 꼭 지켜야 할 다섯 가지 덕목이 있었어.

바로 '세속오계'야.

하나, 왕에게 충성한다(사군이충).

둘, 부모님께 효도한다(사친이효).

셋, 믿음으로 친구를 사귄다(교우이신).

넷, 전쟁에서 절대 물러서지 않는다(임전무퇴).

다섯, 살아 있는 것을 함부로 죽여서는 안 된다(살생유택).

화랑도는 이 다섯 가지를 목숨처럼 소중히 여겼어.

김춘추는 어릴 때 궁에서 자라, 왕이 갖춰야 할

기품과 덕을 자연스럽게 익혔어.

당시 화랑도의 풍월주였던 김유신은

일찌감치 김춘추의 됨됨이를 알아봤단다.

**풍월주** 바람과 달의 주인이란 뜻으로, '화랑'을 달리 부르던 말.

"함께 축국을 하지 않겠소?"

"좋습니다."

어느 날, 김유신은 김춘추에게 축국을 하자고 권했어.

두 사람은 마당에서 공을 차며 어울렸지.

그러다 김유신이 슬쩍 김춘추의 옷자락을 밟았어.

"어이쿠!"

그 바람에 옷이 찢어지자, 김유신은 미안해하며 말했어.

"내 여동생이 바느질 솜씨가 좋으니 잘 꿰매 줄 거요."

김유신은 난처해하는 김춘추를 집으로 데려갔어.

여동생 문희가 정성껏 옷을 꿰매 주었지.

그날, 김춘추와 문희는 사랑에 빠졌단다.

**축국** 여러 사람이 가죽 공을 발로 차며 즐기던 놀이로, 오늘날 축구와 비슷함.

얼마 뒤 문희가 임신을 했어. 김유신은 불같이 화를 냈지.

"혼인도 하지 않고 어떻게 아이를 가진단 말이냐!"

"흑, 오라버니……."

문희는 눈물만 뚝뚝 떨어뜨렸어.

"가문의 명예를 더럽혔으니 죽어 마땅하다!"

김유신은 마당에 장작을 쌓고 불을 지폈어.

그때 김춘추는 덕만 공주와 남산에 오르고 있었지.
덕만 공주가 연기 나는 쪽을 가리키며 물었어.
"저기, 김유신공의 집이 아니냐?"
신하가 얼른 대답했어.
"맞습니다. 혼인하지 않은 여동생이 아이를 가져
불태우려 한다고 합니다."
"뭐라!"
덕만 공주는 깜짝 놀랐어.
김춘추는 안절부절못하다가 결국 사실을 털어놓았어.
그러자 덕만 공주가 단호하게 명령했지.
"당장 달려가 구하도록 하시오!"
출신 때문에 문희와 혼인을 망설이던 김춘추는
덕만 공주의 도움으로 혼인할 수 있었어.
김유신도 김춘추와 사돈이 되어 기뻤단다.
사실, 이 모든 건 김유신의 계획이었어!

선덕 여왕이 나라를 다스리는 동안, 백제와 고구려는 신라를 호시탐탐 노렸어. 선덕 여왕의 걱정도 점점 커져 갔지.
"아버지 성왕의 원수를 갚고, 한강 유역을 되찾겠다!"
642년, 백제 의자왕이 군사를 일으켜 신라로 쳐들어왔어.
신라는 삽시간에 40여 개의 성을 빼앗기고 말았어.

선덕 여왕에게 또다시 나쁜 소식이 날아들었어.

"대야성이 함락됐다고 합니다!"

대야성은 백제와의 국경에 자리한 아주 중요한 성이야.

"대야성 성주와 부인도 전사했습니다!"

"어흑……!"

김춘추는 무릎을 꿇고 울부짖었어.

성주 부부는 바로 김춘추의 딸과 사위였단다.

대야성을 차지한 백제군은 곧바로 신라 수도인 왕경으로
쳐들어올 기세였어. 그러자 난데없이 김춘추에게 비난이 쏟아졌지.
대야성 성주 김품석이 백제와 제대로 싸우지 않고
항복했다는 이유였어. 하지만 그 속에는 다른 뜻도 숨어 있었단다.
가장 뛰어난 진골인 김춘추를 견제하려는 속셈이었지.

김춘추는 곧장 김유신을 찾아갔어.
군 최고 지휘관 김유신의 힘이 필요했거든.
"대야성을 빼앗겼다는 건 적이 코앞에 있다는 뜻이오."
"큰일입니다!"
김유신도 굳은 얼굴로 말했지.
"신라의 힘만으로 백제를 물리치기 어려우니
다른 수를 찾아야 할 것 같소."
"좋은 수라도 있습니까?"
"고구려에 도움을 요청하려 하오."
김춘추가 결심을 굳힌 듯 말했어.

"적국에 직접 갔다가는 목숨이 위태로울 수도 있는데,
어쩌려고 그러십니까?"
김유신은 걱정스러운 마음에 고개를 저었어.
"장군은 그때 일을 잊었소?"
"무슨……."
김유신은 갑작스러운 말에 어리둥절했어.
"장군이 날 화랑도의 풍월주로 세웠을 때 한 약속 말이오."
"아!"
김유신이 크게 탄식했지.


김춘추가 김유신의 뒤를 이어 풍월주가 되었을 때였어.
김춘추는 감격하여 김유신에게 말했어.
"공과 나는 한 몸이오!"
"이제부터 나라를 위해 앞장서서 일합시다!"
두 사람은 손을 맞잡고 굳게 약속했어.

기억을 떠올린 김유신은 벌떡 일어나 외쳤어.
"만일 공이 돌아오지 못하면
내 친히 군사를 이끌고 고구려를 칠 것입니다!"
"고맙소!"

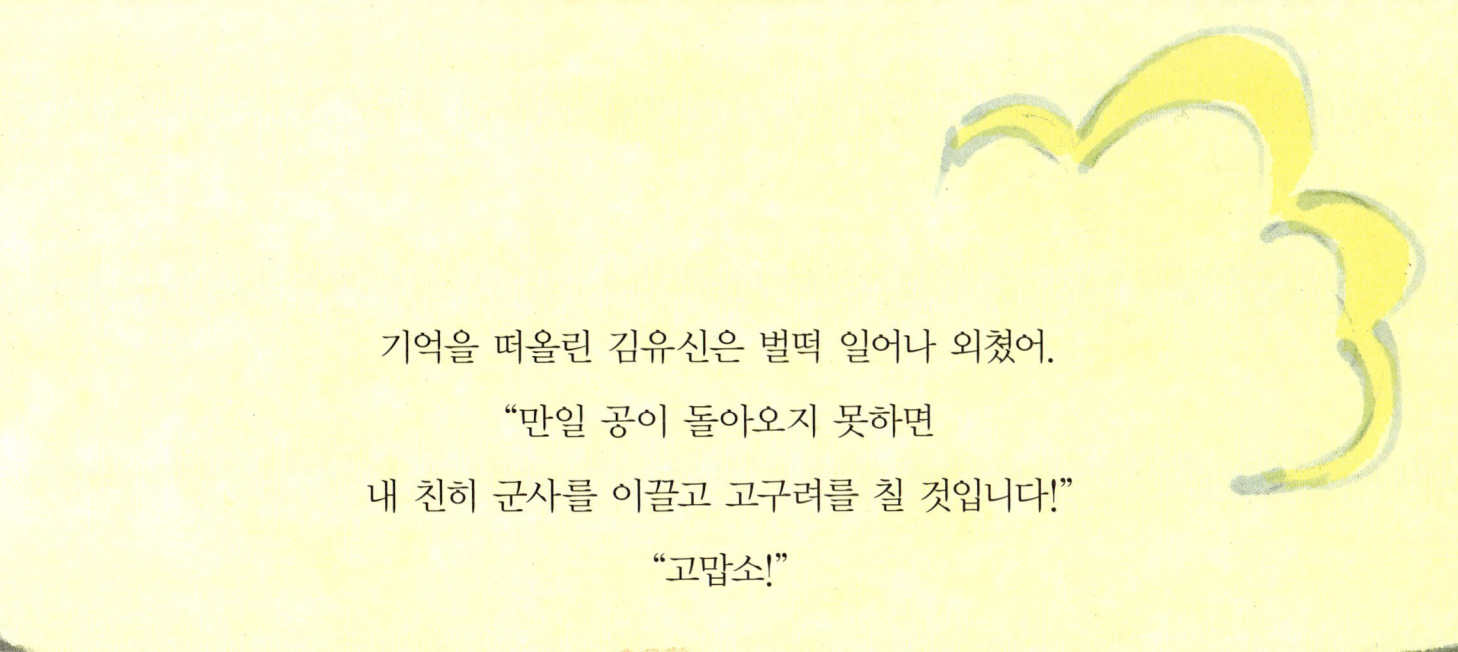

그때부터 두 사람은 강한 신라를 넘어,
삼국 통일을 꿈꾸기 시작한 거야.

김춘추는 서둘러 고구려로 향했어.

연개소문이 직접 맞아 주었지.

김춘추는 곧바로 보장왕을 찾아가 말했어.

"백제가 쳐들어와 신라가 큰 위기에 빠졌습니다.

신라를 도와 군사를 보내 주신다면, 은혜를 결코 잊지 않겠습니다."

보장왕은 한참을 뜸 들이다가 입을 열었어.

"신라의 죽령 이북 땅을 돌려준다면 기꺼이 군사를 내주겠다."

그건 절대 받아들일 수 없는 조건이었어.

죽령은 한강과 이어진 땅이자, 당나라로 가는 뱃길이었거든.

"하찮은 신하인 제가 결정할 일이 아니옵니다."

"뭐라?"

보장왕은 화를 내며 김춘추를 가두라고 명했어.

김춘추는 내내 협박에 시달렸어. 언제 목숨을 잃어도 이상하지 않았지.
"호랑이 굴에 들어가도 정신만 차리면 산다!"
그때 기막힌 꾀가 떠올랐어.
김춘추는 보장왕 앞에 엎드려 아뢰었지.
"죽령 이북은 본래 고구려 땅이니 돌려드리는 게 마땅합니다. 저를 풀어 주시면 반드시 선덕 여왕의 허락을 받아 오겠습니다."
"그 말을 어찌 믿을 수 있겠느냐?"
"지금껏 한 입으로 두말한 적이 없사옵니다."
"흠……."
보장왕은 쉽게 마음을 바꾸지 않았어. 그때 연개소문이 속삭였지.
"지금 김유신이 군사를 이끌고 고구려로 오고 있습니다. 상황이 불리하니, 이번에는 김춘추를 놓아주시지요."
보장왕은 결국 김춘추를 풀어 주라고 명령했어.

"고생 많으셨습니다!"

김유신은 돌아온 김춘추를 눈물로 맞이했어.

"그나저나 고구려 군사를 데려오지 못해 걱정이 큽니다. 여왕님의 근심을 덜지 못했으니, 죄를 지은 것이나 다름없습니다."

김춘추는 면목이 없다는 듯 고개를 숙였어.

무엇보다 김춘추를 눈엣가시처럼 여기는 귀족들이 문제였지.

상대등˚ 비담을 비롯해 모두 김춘추가 왕위를 노린다고 견제했거든.

**상대등** 신라의 최고 관직으로, 귀족 회의를 이끌던 대표.

신라는 하루도 마음 편한 날이 없었어.
백제가 공격하고, 고구려가 압박하고,
심지어 섬나라 왜도 틈만 나면 신라를 노렸지.
나라 밖이 이런데 나라 안이라고 괜찮았을까?
선덕 여왕까지 병석에 눕고 말았어.

선덕 여왕은 사촌 승만 공주에게 왕위를 물려주려 했어.
이를 못마땅하게 여긴 상대등 비담이 결국 난을 일으켰지.
"여왕은 나라를 제대로 다스리지 못한다!"
비담은 당나라 황제가 비꼬며 한 말을 그대로 외쳤어.
반란군은 명활성에, 김유신과 김춘추가 이끄는 관군은 월성에 진을 쳤어. 무려 열흘 동안 치열한 싸움이 이어졌지.

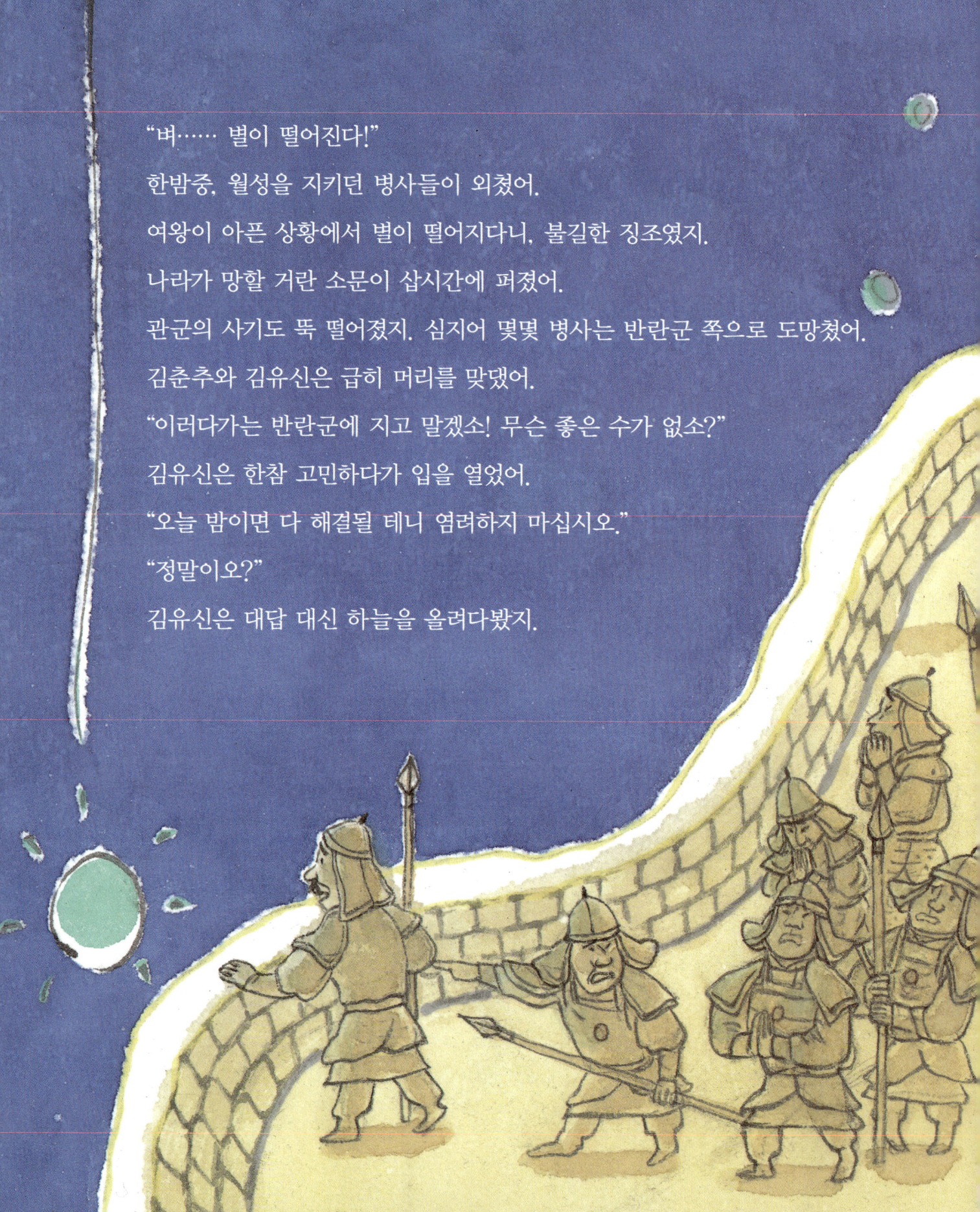

"벼…… 별이 떨어진다!"

한밤중, 월성을 지키던 병사들이 외쳤어.

여왕이 아픈 상황에서 별이 떨어지다니, 불길한 징조였지.

나라가 망할 거란 소문이 삽시간에 퍼졌어.

관군의 사기도 뚝 떨어졌지. 심지어 몇몇 병사는 반란군 쪽으로 도망쳤어.

김춘추와 김유신은 급히 머리를 맞댔어.

"이러다가는 반란군에 지고 말겠소! 무슨 좋은 수가 없소?"

김유신은 한참 고민하다가 입을 열었어.

"오늘 밤이면 다 해결될 테니 염려하지 마십시오."

"정말이오?"

김유신은 대답 대신 하늘을 올려다봤지.

밤이 깊어지자, 바람이 거세졌어.
병사들이 술렁였어.
"별이 하늘로 솟아오른다!"
"저렇게 큰 별은 처음 보네. 틀림없이 길조야, 길조!"
관군의 사기는 하늘을 찌를 듯 높아졌어.
"와! 반란군을 무찌르자! 선덕 여왕 만세!"
기세를 탄 관군은 순식간에 전세를 뒤집었지.
김춘추는 김유신을 붙잡고 물었어.
"어, 어찌 된 일이오?"
"연에 횃불을 달아 하늘에 띄웠을 뿐입니다."
"뭐라고요? 하하하!"
두 사람은 손을 맞잡고 커다란 웃음을 터뜨렸어.

김유신 덕분에 관군은 비담의 반란군을 물리쳤어.
하지만 승리의 기쁨도 잠시, 선덕 여왕은 끝내 세상을 떠나고 말았어.
그 뒤를 이어 승만 공주가 즉위했지.
제28대 진덕 여왕의 시대가 열린 거야. 다시 여성이 왕이 되자
나라 안팎에 불안감이 커졌어. 김춘추는 더 이상 두고 볼 수 없었지.
"당나라와 동맹을 맺는 것만이 신라가 살길입니다.
반드시 당나라 황제의 허락을 받아 오겠습니다."
"공만 믿겠습니다."
진덕 여왕도 달리 방법이 없었어.

648년, 김춘추는 셋째 아들과 함께 당나라로 떠났어.
당나라 황제 태종은 김춘추를 보고도 시큰둥했어.
마치 속을 빤히 들여다보는 눈빛이었어.
하지만 김춘추도 만만한 사람이 아니었지.
속마음을 감추고 침착하게 당 태종을 바라보았어.
그러자 도리어 당 태종이 조급해졌어.
괜히 자세를 고쳐 앉기까지 했지.

김춘추는 정중히 아뢰었어.

"폐하, 국자감 견학을 요청하오니 허락해 주십시오."

"당의 도를 알고자 하다니, 보통 인물이 아니군."

당 태종은 흡족한 듯 고개를 끄덕였어.

무턱대고 요구하지 않고, 먼저 배우려고 하는 태도가 마음에 들었지.

김춘추는 당 태종의 표정이 부드러워지자,

넌지시 군사 지원을 요청했어.

"백제는 지배층 사이에 분란이 일어나 몹시 혼란스럽습니다.

지금이야말로 함께 군사를 일으켜 백제를 무너뜨릴 때입니다."

"작은 나라를 돕는 것이 대국의 도리지.

위급할 때 군사를 보내 주겠노라!"

다만, 당 태종은 백제와 고구려를 무너뜨리면

대동강 이남의 영토만 신라에 주겠다고 했어.

신라는 받아들일 수밖에 없었지. 그렇게 나당 동맹이 맺어졌어.

김춘추는 홀가분하면서도 어딘가 꺼림칙한 마음을 안고

신라로 돌아왔단다.

**국자감** 과거제가 처음 시행된 수나라가 세운 중앙 학문 기관.
당나라 이후에도 이어졌음.

그로부터 6년이 지난 654년, 진덕 여왕이 세상을 떠났어.
진덕 여왕은 혼인을 하지 않았기 때문에 더는 왕위를 이을 성골이 없었지.
급히 화백 회의가 열렸어. 화백 회의는 나라의 중대사를 결정하는
신라만의 독특한 회의 제도야.
단 한 사람이라도 반대하여 만장일치가 이뤄지지 않으면
결론이 나지 않아.
"성골의 대가 끊겼다면 진골에서 왕을 뽑아야 합니다."
"진골 중에서는 상대등이 으뜸 아니겠습니까?"

모두의 시선이 상대등 알천에게 쏠렸어.
"저는 늙고, 건강도 좋지 않아서……."
알천은 핑계를 대며 사양했어.
많은 백성이 김춘추를 높이 신뢰하고 있다는
사실을 알았거든.
대신들도 한목소리로 김춘추를 추천했어.
"위기에 빠진 신라를 이끌 사람은 김춘추공뿐입니다."
"옳소! 옳소!"
그리하여 만장일치로 김춘추가 새 왕으로 추대됐어.
최초의 진골 출신 왕, 바로 제29대 태종 무열왕이야.

태종 무열왕이 왕위에 오른 뒤에도 전쟁은 끊이지 않았어.
백제, 고구려, 말갈이 손잡고 신라를 공격해 왔지.
하지만 당나라 지원군은 감감무소식이었어.

무열왕은 급히 당나라로 사신을 보냈어.
당 태종이 죽고, 아들 고종이 새 황제가 된 때였지.
"폐하, 선왕께서 약속한 군대를 보내 주십시오."
"흠……."
당 고종은 잠시 생각에 잠겼어. 아버지 태종의 유언이 떠올랐지.
'절대 고구려를 공격하지 말아라.'
백제를 치면 고구려와 전쟁이 날 게 뻔했어.
당 고종은 오랜 고민 끝에 결정했지.
"소정방 장군은 들으라! 당장 신라와 함께 백제를 쳐라!"

660년, 당나라 13만 대군이 백제 기벌포로 물밀 듯 쳐들어왔어.
같은 시각, 김유신이 이끄는 5만 신라군이 황산벌을 공격했지.
의자왕은 허둥대며 어쩔 줄 몰라 했어.
그때 계백 장군이 나섰지.
"제가 황산벌로 나가 막아 내겠습니다!"
"장군만 믿겠소!"
계백은 급히 5천 결사대를 꾸려 황산벌로 향했어.

계백의 5천 결사대는 5만 신라군과 네 번 싸워 모두 승리했어.
"어찌 이런 일이!"
김유신은 골머리를 앓았어.
사비성에서 당나라군과 만나기로 한 날이 코앞으로 다가왔거든.
그때, 어린 관창이 나섰어.
"제가 계백을 베고 적의 깃발을 빼앗아 오겠습니다!"
화랑도에게는 나라를 위해 싸우는 게
큰 영광이었지.

"계백은 나의 칼을 받아라!"

관창은 거침없이 돌진했어. 하지만 곧 백제군에게 붙잡히고 말았지.

계백은 관창의 투구를 벗기며 말했어.

"허허, 어린애 혼자 왔단 말이냐? 풀어 주거라."

"나를 얕보지 마라!"

관창은 '임전무퇴'를 되뇌며 계백을 몇 차례나 다시 찾아갔어.

계백은 더는 참지 못하고 명령을 내렸어.

"신라군이 나를 놀리는 게 틀림없다. 당장 저 아이의 목을 베라!"

백제군은 관창의 목을 말에 묶어 돌려보냈어.

그 모습을 본 신라군은 분노로 들끓었지.

"관창의 원수를 갚자!"

"피도 눈물도 없는 백제군을 무찌르자!"

신라군은 우레 같은 함성을 지르며

들불처럼 백제 진영으로 몰아쳤어.

아무리 계백이라도 분노한 5만 신라군을 당해 낼 수는 없었지.

결국 계백의 5천 결사대는 황산벌에서 전멸하고 말았어.

**전멸** 모두 죽거나 망해서 하나도 남지 않게 됨.

한편, 당나라군은 기벌포에 상륙해
거침없이 백제군을 휩쓸며 사비성에 도착했어.
김유신이 이끄는 신라군도 곧 합류했지.
18만 나당 연합군이 사비성을 포위하고 공격했어.
백제는 힘 한번 제대로 써 보지 못하고 허무하게 무너졌단다.

무열왕은 직접 의자왕의 항복을 받아 냈어.
한때 기세등등했던 백제는 그렇게 멸망하고 말았지.
"삼국 통일의 꿈이 눈앞에 다다랐구나!"
무열왕은 하늘을 올려다보며 감격했어.
이제 정말 통일의 그날이 가까워진 것만 같았지.
그러나 무열왕은 삼국 통일을 눈앞에 두고
시름시름 앓기 시작했어.

무열왕은 조용히 김유신을 불렀지.

"장군도 많이 늙었소이다."

"허허……."

김유신은 대답 대신 허탈한 웃음만 지었어.

자신보다 어린 무열왕이 먼저 세상을 떠나는구나 싶었거든.

무열왕이 손을 내밀며 말했어.

"우린 한 몸이지 않소?"

"그렇습니다. 한 몸에 붙은 팔과 다리처럼 힘을 모아 나라를 위해 싸웠지요."

"함께 통일을 이루자고 했는데…… 하늘에서 지켜봐야겠소."

"……."

"내 아들과 같이 꼭 약속을 지켜 주시오."

"반드시…… 지켜 내겠습니다."

김유신은 눈시울을 붉히며 말했어.

강대국 틈바구니에서도 무너지지 않고 신라를 이끌어

삼국 통일의 기틀을 닦았던 무열왕은 그렇게 세상을 떠났단다.

661년, 무열왕의 첫째 아들이 왕위에 올랐어.

바로 제30대 문무왕이야.

같은 해, 나당 연합군은 남북으로 나뉘어 고구려의 평양성을
공격하기로 했어. 그런데 백제를 다시 세우려는 백제 부흥군이
신라를 공격하는 바람에 당나라군만 평양성으로 향했지.
당나라군이 7개월 동안 포위하고 공격했지만,
고구려군은 철옹성처럼 끄떡하지 않았어.
결국 당나라군은 후퇴할 수밖에 없었지.
하지만 밖의 적보다 안의 적이 더 무서운 법이야.

고구려의 실권자˚ 연개소문이 죽자, 아들들 간에 권력 싸움이 벌어졌어.
첫째 아들 남생은 살기 위해 당나라에 항복했어.
당나라가 절호의 기회를 놓칠 리 없었지.
668년, 나당 연합군은 남북에서 한꺼번에 고구려를 공격했어.
문무왕은 한성주까지 나가 신라군을 격려했지.
포위 한 달 만에 평양성을 함락했어.
그렇게 700여 년을 이어 온 고구려도 멸망하고 말았단다.

**실권자** 실제로 권력을 쥐고 나라를 다스리는 사람.

이로써 삼국 통일이 이루어졌어. 김유신은 무열왕의 무덤을 찾았지.

"왕이시여, 이제야 약속을 지켰습니다. 그곳에서 보셨습니까?"

김유신은 하늘을 올려다보며 말했어.

"아직 당나라와 전투가 남았습니다. 그러나 제 몸이 늙어 더는 전장에 나설 수 없습니다. 모든 것을 문무왕에게 맡기고, 곧 찾아뵙겠습니다."

김유신은 무열왕릉에 조용히 절을 올렸어.

얼마 지나지 않아 김유신도 세상을 떠났단다.

신라 백성들은 무열왕이 떠났을 때처럼 통곡하며 슬퍼했어.

김유신의 걱정대로, 백제와 고구려가 무너지자
당나라는 숨겨 왔던 욕심을 드러냈어.
옛 백제 땅에는 웅진 도독부, 옛 고구려 땅에는 안동 도호부
신라 경주에는 계림 도독부를 세워 자기들 마음대로
다스리기 시작했지. 한반도가 죄다 당나라 손에 넘어간 셈이었어.
지켜보던 나도 분노가 치밀었는데, 문무왕은 어땠겠니?
아버지 무열왕에게 큰 죄를 짓는 것만 같았지.
결국 문무왕은 당나라를 몰아내기 위해
백제와 고구려 유민들을 모아 전쟁을 벌였지.
나당 전쟁이 시작된 거야.

신라는 당나라군과 크고 작은 전투를 벌였어.
밀고 밀리는 싸움이 계속됐지. 밟히고 또 밟혀도
신라는 꿋꿋하게 버텼어.
7년간 이어진 긴 전쟁 끝에 비로소 온전한 삼국 통일을 이루었단다.
"만세! 만세!"
"통일 신라 만만세!"
신라 백성들은 물론 백제와 고구려 유민들까지
만세를 외치며 하나 되는 기쁨을 나누었지.

휴, 내가 이 자리에 선 지도 벌써 1,400년이 다 되어 가는구나.
그동안 삼국 통일에 대해 이런저런 말을 참 많이도 들었단다.
누구는 신라가 당나라를 끌어들여 어리석은 전쟁을 일으켰다고 했어.
그래서 고구려의 만주 벌판을 모두 잃었다고 말이야.
또 누구는 백제와 동맹을 깨고 한강 유역을 독차지한 신라가
치사하다고도 했지.
물론 신라도 어쩔 수 없는 선택이었다는 사람도 있어.
고구려와 백제가 먼저 전쟁을 벌였으니,
누구라도 그런 결정을 내렸을 거라고 말이야.

나는 누구 편도 들지 않았단다.
역사를 되돌아보는 건
바른 미래로 나아가기 위해 꼭 필요하니까.
하지만 신라가 최초로 한반도를 통일한 나라라는 것,
온 민족을 하나로 모은 주인공이라는 사실은 변하지 않아.
신라는 당나라를 몰아내기 위한 싸움에서
백제, 고구려 유민들과 함께 힘을 모았지.
나는 그때의 광경을 지금도 생생히 기억한단다.

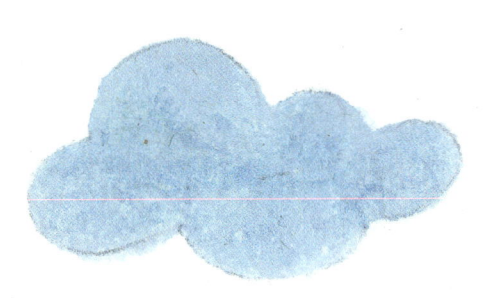

"어? 사라진 비문이 보여요!"

눈 큰 아이가 소리쳤어.

나도 깜짝 놀라 고개를 젖혀 위를 올려다봤지.

역시나, 비문이 담긴 몸은 보이지 않았어.

"녀석, 실없기는……."

"헤헤, 눈에 보이지 않아도 비문에 뭐라고 쓰여 있었는지 알 것 같아요."

"정말이니?"

"그럼요."

아이가 스케치북을 불쑥 내밀었어. 잃어버린 내 몸돌이 그려져 있었지.

순간, 숨이 멎는 줄 알았어.

하도 오래돼 까맣게 잊고 있던 내 모습이었으니까.

"고, 고맙구나."

나도 모르게 훌쩍이며 감사 인사를 했지.

"다음에 또 봐요!"

아이는 어느새 저만치 달려갔어.

나는 몸을 크게 흔들어 인사했지.

비문이 새겨진, 온전한 태종 무열왕릉비로 말이야.

# 태종 무열왕릉비가 들려주는
# 삼국 통일 이야기

6세기, 신라는 한강을 차지하며 전성기를 맞이했어요. 하지만 전쟁이 끊이지 않았지요. 신라는 고민 끝에 당나라와 힘을 합쳐 백제와 고구려를 물리치고, 한반도 최초로 통일을 이루었어요. 이 과정에서 태종 무열왕과 김유신이 큰 역할을 했답니다. 무열왕의 아들, 문무왕은 아버지의 업적을 기리기 위해 태종 무열왕릉비를 세웠어요. 비석 너머에 숨겨진 신라 시대 이야기를 함께 알아볼까요?

## 신라는 어떤 나라인가요?

신라는 원래 경주에 있던 '사로국'이라는 작은 씨족 공동체에서 시작했어요. 처음에는 박, 석, 김 성을 가진 세 집안이 돌아가며 나라를 다스렸지요.

이웃한 백제와 고구려는 일찍이 중앙 집권 국가가 되었는데, 신라는 그보다 늦은 356년, 제17대 내물 마립간 때부터 왕이 나라를 다스리는 중앙 집권 국가로 자리 잡았어요. 제22대 지증왕 이전까지는 최고 통치자를 거서간, 차차웅, 마립간 같은 이름으로 불렀지요.

중앙 집권 국가가 된 뒤로 신라는 작은 나라들을 하나씩 정복해 낙동강 유역까지 영토를 넓혀 갔어요. 백제, 고구려와 늘 뺏고 빼앗기는 전쟁을 했지요. 신라는 군사력이 약했지만, 다른 나라와 동맹을 맺는 전략으로 살아남았어요. 한강 유역을 차지한 뒤에는 당나라와 손잡고 백제와 고구려를 차례로 무찌르며 마침내 삼국을 통일했답니다.

| 신라 최고 통치자의 칭호 변화 | |
|---|---|
| 거서간 | 귀한 사람이라는 뜻으로, 신라를 건국한 박혁거세 거서간이 처음 사용했어요. |
| 차차웅 | 무당이라는 뜻으로, 박혁거세 아들인 남해 차차웅부터 사용했어요. |
| 이사금 | 지혜로운 사람이라는 뜻으로, 석탈해 이사금부터 사용했어요. |
| 마립간 | 최고 우두머리라는 뜻으로, 내물 마립간부터 사용했어요. |
| 왕 | 지증왕부터 '왕' 칭호를 사용했어요. |

**씨족 공동체** 같은 성씨끼리 모여 사는 집단.

## 신라의 독특한 제도를 알아봐요

### 골과 품으로 나뉜 신분 제도, 골품 제도

골품 제도는 태어날 때부터 정해진 신분에 따라 지위가 달라지는 제도예요. '골(骨)'은 뼈, '품(品)'은 등급을 뜻하지요. 왕족은 성골과 진골로 나누고, 귀족은 6두품, 5두품, 4두품으로 나누어요. 태종 무열왕 이전까지는 성골만 왕이 될 수 있었어요. 진골은 왕이 되지 못했지만, 나라의 중요한 관직을 맡을 수 있었지요.

관직도 골품에 따라 정해졌어요. 아무리 똑똑하고 능력이 있어도, 자기 골품에 맞는 관직까지만 오를 수 있었지요. 일상생활도 마찬가지였어요. 집의 크기, 수레 장식, 옷의 색깔도 골품에 따라 달라졌답니다.

귀족이 아닌 대부분의 사람은 평민이었어요. 이들은 농사를 짓거나 기술을 익혀 귀족에게 식량과 물건을 바쳤지요. 그 아래에는 노비가 있었어요.

### 신라를 지키는 특별한 단체, 화랑도

화랑도는 신라 시대 때 청소년들이 모여 함께 수련하던 조직이에요. 왕족이나 귀족 출신의 젊은이들이 참여했지요. '화랑'이라는 지도자 한 명을 중심으로 '낭도'라는 단원이 수십에서 수백 명씩 따랐어요.

화랑과 낭도들은 훌륭한 스승을 찾아가 공부하고, 노래와 춤을 익히고, 무예를 배우며 몸과 마음을 단련했어요. 아름다운 산과 강을 유람하며 자연 속에서 수련하기도 했지요. 무엇보다도 전쟁이 일어나면 누구보다 앞장서서 나라를 지켰답니다.

### 화랑도가 지켜야 할 다섯 가지 약속, 세속오계

화랑도는 몸과 마음을 단련하는 데 그치지 않고, 올바른 사람이 되기 위해 지켜야 할 다섯 가지 약속을 세웠어요. 이를 세속오계(世俗五戒)라고 해요. 신라의 스님 원광 법사가 화랑도에게 전해 준 가르침이랍니다.

> 사군이충(事君以忠) - 왕에게 충성한다.
> 사친이효(事親以孝) - 부모에게 효도한다.
> 교우이신(交友以信) - 믿음으로 친구를 사귄다.
> 임전무퇴(臨戰無退) - 전쟁에서 절대 물러서지 않는다.
> 살생유택(殺生有擇) - 살아 있는 것을 함부로 죽여서는 안 된다.

이 다섯 가지는 화랑도가 나라에 충성을 다하고, 바른 마음을 지닌 어른으로 자라도록 이끌어 준 소중한 약속이에요.

화랑정신은 실제 기록으로도 남아 있어요. 그중 하나가 바로 '임신서기석(壬申誓記石)'이에요. 두 명의 화랑이 나라에 충성하고 학문을 열심히 익혀 실천하겠다고 다짐한 내용을 돌에 새겼지요. 화랑도가 어떤 마음으로 수련하고, 어떻게 살아가려 했는지 잘 보여 주는 소중한 기록이에요. 이 돌은 경북 경주에서 발견되어 지금은 국립경주박물관에 있어요. 손바닥만 한 작은 돌이지만, 그 안에 담긴 뜻은 아주 깊답니다.

임신서기석

### 국가의 중요한 일을 결정하던 화백 회의

화백 회의는 신라의 높은 관직인 '대등'들이 모여 왕을 정하거나 전쟁을 결정하고, 법을 만드는 등 나라의 중요한 일을 논의하던 회의예요. '상대등'은 대등 가운데 가장 높은 사람이에요. 비담, 알천이 대표적인 인물이지요. 이 회의는 참석한 모든 사람이 찬성하는 만장일치가 이루어져야만 결정을 내릴 수 있었지요.

화백 회의는 보통 '4영지(四靈地)'라 불리는, 외부와 단절된 깊은 산속 네 곳에서 비밀스럽게 열렸어요. 신라 사람들은 이 회의를 나라의 운명을 좌우하는 중요한 일로 여기며, 회의 장소도 그만큼 신성하게 생각했지요.

## 삼국은 어떻게 통일되었을까요?

신라는 백제, 고구려와 오랜 세월 치열한 전쟁을 치렀어요. 때로는 외교로 협력하고, 때로는 피할 수 없는 싸움에 임하며 한 걸음씩 통일의 길로 나아갔지요.

### 554년

**관산성 전투**
- 백제 성왕이 신라군에게 잡혀 전사해요.
- 신라는 전쟁에서 승리해 한강 유역을 차지해요.

### 668년

**고구려 부흥 운동**
- 고구려 유민들이 검모잠, 안승, 고연무를 중심으로 부흥 운동을 벌였지만 끝내 실패해요.

**고구려 멸망**
- 연개소문이 죽고 권력 싸움이 벌어져요.
- 그 틈에 나당 연합군이 평양성을 공격해 고구려가 멸망해요.

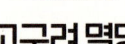

### 670~676년

**나당 전쟁**
- 당나라가 한반도를 차지하려 하자, 신라는 백제, 고구려 유민들과 힘을 합쳐 맞서요.

그 오랜 싸움 뒤에는 끝까지 나라를 지키려는 사람들의 노력이 있어요. 백제와 고구려 유민들은 나라가 멸망한 후에도 포기하지 않고 맞섰어요. 신라도 당나라에 굴복하지 않고 수많은 전투와 우여곡절 끝에 삼국을 통일했지요. 그 과정을 차근차근 살펴볼까요?

### 642년
**대야성 전투**
- 대야성 성주 부부가 백제군에게 잡혀 전사해요.

### 648년
**나당 동맹**
- 신라가 당나라와 손을 잡고 백제에 맞서기로 해요.

### 660년
**백제 부흥 운동**
- 백제 유민들이 나라를 다시 세우려고 싸웠지만, 4년 만에 실패해요.

**황산벌 전투**
- 신라군은 관창의 희생으로 힘을 얻어 계백의 결사대에 맞서 승리해요.

### 676년
**삼국 통일**
- 신라가 당나라군을 물리치고 마침내 진짜 삼국 통일을 이루어요.

## 삼국 통일의 숨은 주역을 만나 봐요!

### 김유신의 아들, 김원술

원술은 김유신의 아들로, 안타깝게도 가문에서 버림받고 말았어요.

672년, 신라는 당나라를 몰아내기 위해 치열하게 싸우고 있었어요. 원술이 속한 부대는 석문(지금의 황해도 서흥)에서 당나라 군대의 기습 공격을 받았어요. 효천 장군, 의문 장군이 전사하고 많은 병사들이 목숨을 잃었지만 원술은 살아 돌아왔지요.

김유신은 '전쟁에서 물러서지 않는다'는 화랑정신을 어겼다며 원술을 집에서 내쫓았어요. 심지어 김유신이 죽은 뒤 원술이 집에 돌아오자 어머니마저 원술을 만나 주지 않았지요.

나중에 원술은 당나라와 벌인 매소성 전투에 나가 큰 공을 세웠어요. 매소성 전투는 당나라를 몰아내고 삼국 통일을 완성하는 데 결정적인 역할을 한 싸움이었답니다. 하지만 원술은 끝내 부모에게 용서받지 못했다는 죄책감에 산속에 숨어 살다가 쓸쓸하게 생을 마쳤어요.

### 황산벌 전투의 어린 영웅, 관창

660년, 김유신이 이끄는 5만 신라군과 백제 계백이 이끄는 5천 결사대가 황산벌에서 맞붙었어요. 신라군이 네 번 싸워 네 번 모두 지자, 김유신은 조바심이 났어요. 왜냐하면 당나라군과 함께 백제 사비성을 공격하기로 약속한 날이 점점 다가왔거든요.

김품일 장군은 아들 관창(당시 16세)에게 "백제군 진영으로 뛰어 들어가 싸워라" 하고 명했어요. 관창은 혼자 말을 타고 적진으로 달려갔지만 곧 사로잡혔어요. 계백은 관창이 너무 어린 탓에 신라군 진영으로 돌려보냈어요. 하지만 관창은 몇 번이고 적진으로 다시 달려갔고, 결국 계백은 관창을 죽인 뒤 시신을 돌려보냈지요. 이 모습을 본 신라군은 분노로 들끓었고, 끝내 계백의 5천 결사대를 무찌르고 승리했어요.

### 당나라 외교의 숨은 조력자, 강수와 구진천

한문에 뛰어난 가야 출신 유학자 강수는 당나라, 백제, 고구려에 보내는 외교 문서를 도맡았어요. 특히 당나라 장수 설인귀가 문무왕을 꾸짖는 편지를 보내자, 강수는 당나라의 잘못을 조목조목 반박하며 끝까지 싸우겠다는 편지를 썼어요.

구진천은 무기를 만드는 기술자였어요. 특히 멀리까지 화살을 날릴 수 있는 '쇠뇌'를 잘 만들었어요. 구진천이 만든 쇠뇌는 무려 1킬로미터 너머까지 화살을 날릴 수 있었다고 해요. 당나라는 구진천을 데려가 쇠뇌의 비밀을 캐내려 했지만 구진천은 끝내 협조하지 않았다고 전해져요.

### 진짜 통일을 이룬 왕, 문무왕

  삼국 통일을 이끈 문무왕은 태자 시절부터 아버지 태종 무열왕을 도와 외교와 전쟁을 함께했어요.

  삼국이 통일된 뒤 문무왕은 무기를 녹여 농기구를 만들고, 전쟁 중 백성들이 빌린 곡식은 나라에서 대신 갚도록 했어요. 또 백성들이 지키기 쉽게 법률도 고쳤지요.

  죽음을 앞두고는 "내가 죽으면 왜구로부터 백성을 지켜 주는 용이 되고 싶으니 내 뼈를 동쪽 바다에 묻어라!"라는 유언을 남겼어요. 문무왕의 무덤은 그의 유언대로 동해의 바위에 만들어졌어요. 사람들은 그 바위를 '대왕암(大王巖)'이라고 부른답니다.

'대왕암'이라 불리는 경주 문무대왕릉
ⓒ위키피디아

## 태종 무열왕릉은 왜 특별할까?

### 비석 덕분에 주인을 알 수 있었던 무덤

신라에는 수많은 무덤이 남아 있지만, 비석이 함께 있는 경우는 드물어요. 그래서 무덤의 주인을 정확히 알기 어렵지요.

그런데 태종 무열왕릉은 달랐어요. 발굴 당시, '태종무열대왕지비(太宗武烈大王之碑)'라는 글자가 새겨진 비석이 함께 발견되었거든요. 덕분에 신라 제29대 무열왕의 무덤임을 알 수 있었어요. 이렇게 주인을 알려 주는 비석이 있어 우리 역사에서 더욱 소중한 유산으로 여겨진답니다.

### 비석의 글씨, 누가 썼을까?

태종 무열왕릉비에 새겨진 글씨는 무열왕의 둘째 아들 김인문이 쓴 것으로 전해져요. 김인문은 문무왕의 동생으로, 어려서부터 글씨를 아주 잘 썼다고 해요.

그는 23살에 당나라로 가서 오랫동안 머물렀어요. 신라와 당나라 사이를 오

태종 무열왕릉비

가며 지냈지요. 태종 무열왕의 무덤 앞에 비석을 세울 때, 김인문은 온 마음을 다해 글씨를 썼다고 전해져요. 그의 글씨는 당나라 글씨체를 본받은 것으로, 나중에는 신라에서도 당나라풍 글씨가 널리 퍼졌어요.

### 비석 하나로 알 수 있는 신라의 비밀

태종 무열왕릉비는 단순한 비석이 아니에요. 신라가 통일을 이루기 전과 후, 비석의 모양이 어떻게 달라졌는지를 알려 주는 중요한 기준이지요. 당나라 양식을 본떠 만든 신라 최초의 능비이기도 하지요.

이전까지 신라의 비석은 자연석에 글씨만 새긴 단순한 형태였지만, 이 비석부터 머릿돌, 몸돌, 받침돌까지 갖춘 당나라식 구조를 따르기 시작했어요. 지금은 몸돌이 없어졌지만, 남은 머릿돌과 받침돌만으로도 통일 신라 문화의 출발을 보여 주는 귀한 유물이에요.

또한 이 비석은 비문을 누가 썼는지 기록이 남은 신라의 첫 비석이에요. 외국 문화를 그대로 따르지 않고, 신라인만의 미의식을 더해 독창적인 문화로 발전시켰다는 점에서도 매우 특별하답니다.

**능비** 왕의 무덤 앞에 세운 비석.

### 삼국을 통일한 신라는 어떻게 달라졌을까?

신라는 삼국을 통일했지만 처음부터 나라가 안정된 건 아니었어요. 고구려와 백제 땅까지 다스리려면 강력한 왕권이 필요했지요.

제31대 신문왕은 귀족들의 힘을 줄이기 위해, 귀족들이 세금을 걷던 '녹읍 제도'를 없앴어요. 대신 나라가 세금을 걷고, 관리는 땅만 받는 '관료전 제도'를 만들었지요. 또 나라를 9주로 나누고 5소경을 세워, 넓어진 땅을 효율적으로 다스릴 수 있도록 했어요.

정치와 사회가 안정되자 인구도 늘고 경제도 발전했어요. 삼국이 가지고 있었던 농업과 수공업 기술이 합쳐지면서 농사는 더 풍요로워졌고, 멋진 금속 공예품도 많이 만들어졌어요.

통일 신라는 계속 당나라와 교류했어요. 유학생과 스님들이 오가며 문화가 발전했고 해상 무역도 활발해졌지요. 특히 아라비아반도의 서역 문화가 들어오면서 통일 신라, 당나라, 일본을 잇는 해상 무역이 크게 번성했답니다.

또한 불교문화가 크게 번성하며 수많은 사찰과 아름다운 불상이 만들어졌어요. 대표적인 건축물이 바로 불국사와 석굴암이에요. 또 학자와 문장가들이 활약하며, 멋진 글과 책을 많이 펴냈답니다.

| 작가의 말

# 놀이가 알려 준 삼국의 지혜

　아이들은 '놀이'로 성장한다고 믿어요. 놀이 속에는 협동과 지혜, 배려처럼 삶에 꼭 필요한 배움이 담겨 있거든요. 하지만 요즘 아이들 사이에서 '놀이 문화'가 점점 사라져 가는 게 안타깝습니다.

　어릴 적, 동네 친구들과 날마다 '고백신 놀이'를 했어요. 편을 나눠 고구려, 백제, 신라가 되어 서로의 땅을 뺏고 지키는 놀이예요. '당나라 조약'이라는 특별한 규칙도 있었어요. 약한 두 나라가 손을 잡고 강한 나라를 공격하거나, 강한 나라를 물리친 뒤 다시 적이 되기도 했어요.

　눈치챘나요? 이 놀이는 바로 우리 역사, 삼국 시대를 바탕으로 만들어졌답니다. 아이들의 소박한 놀이에도 우리가 살아온 역사가 담겨 있다는 사실이 놀랍지 않나요?

　어린 시절 고백신 놀이를 하며 느낀 게 있어요. 강한 우두머리가 있는 편이 반드시 이기는 건 아니라는 점이에요. 오히려 약한 편이 이기는 경우가 많았어요. 강한 편은 힘으로만 밀어붙이다가 오만해졌고, 약한 편은 적절한 때에 조약을 맺어 강한 편을 무너뜨렸죠. 삼국 중 가장 약했던 신라가 당나라와 외교를 맺고 통일을 이뤄 낸 것처럼요.

  삼국 통일의 과정은 우리에게 깊은 교훈을 줍니다. 나라를 세우고, 주변 세력과 맞서 싸우며, 전쟁을 거듭하는 가운데 군사력보다 중요한 것은 외교력, 문화의 힘, 백성을 향한 신뢰라는 사실 말이에요.

  또 하나 중요한 점이 있어요. 삼국 통일의 주역, 태종 무열왕 김춘추는 원래 왕이 될 수 없는 신분이었어요. 그렇지만 좌절하지 않고 누구보다 철저히 준비했고, 자기보다 강한 사람을 아군으로 만들었죠. 승리는 거저 얻어지는 것이 아니라, 준비한 자에게 주어지는 것임을 보여 준 인물이에요.

  신라는 삼국 중 가장 약한 나라였지만 김춘추의 외교력 덕분에 통일을 이뤘습니다. 그렇다면 통일 이후 신라는 어떤 길을 걸었을까요? 고려와 조선은 또 어떤 역사를 이어 갔을까요? 완벽한 나라는 없었고, 시대마다 새로운 문제들이 생겨났어요. 하지만 하나 분명한 건, 역사는 늘 이어지고 있다는 점이에요. 그 안에서 사람들은 더 나은 세상을 만들기 위해 고민하고 선택해 왔지요. 이 책을 읽는 여러분도 오늘을 살아가며 무엇이 더 나은 선택일지 생각해 보면 좋겠습니다.

눈처럼 새하얀 배꽃 밭에서
김해등

신라는 당나라를 몰아내기 위한 싸움에서
백제, 고구려 유민들과 함께 힘을 모았지.
나는 그때의 광경을 지금도
생생히 기억한단다.